Yh 4262

Metz
1853

Schiller, Friedrich von

Le Chant de la cloche

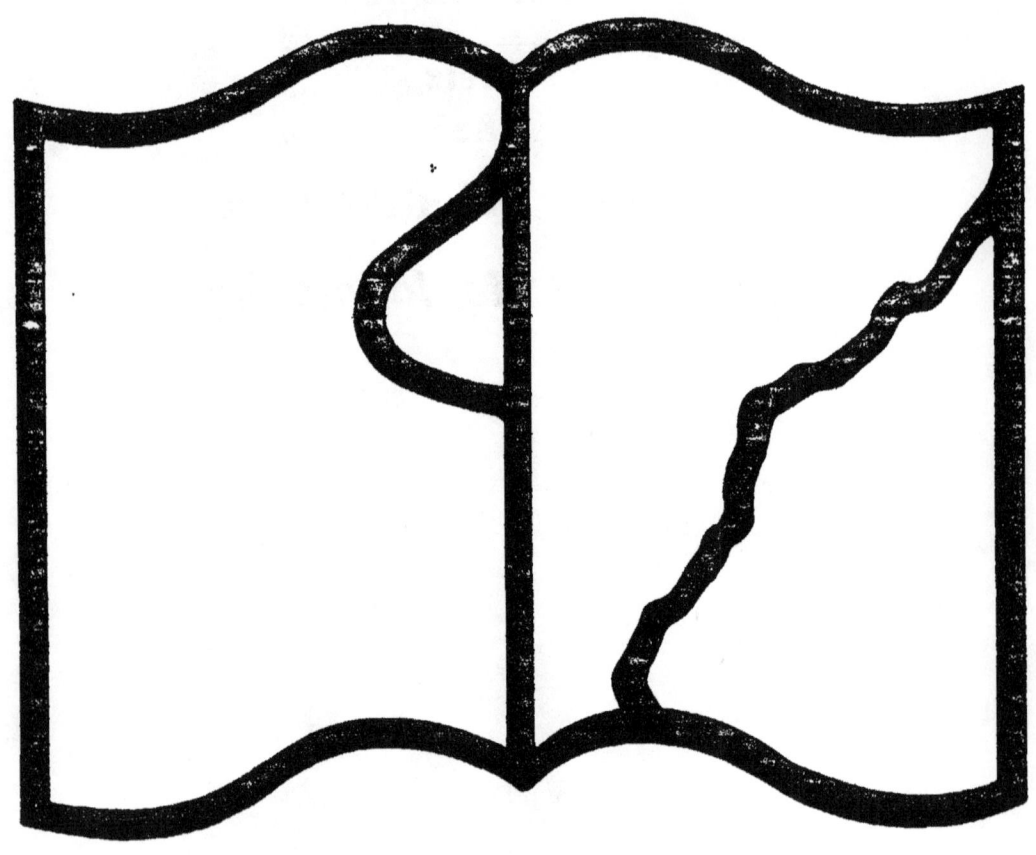

**Symbole applicable
pour tout, ou partie
des documents microfilmés**

Texte détérioré — reliure défectueuse

NF Z 43-120-11

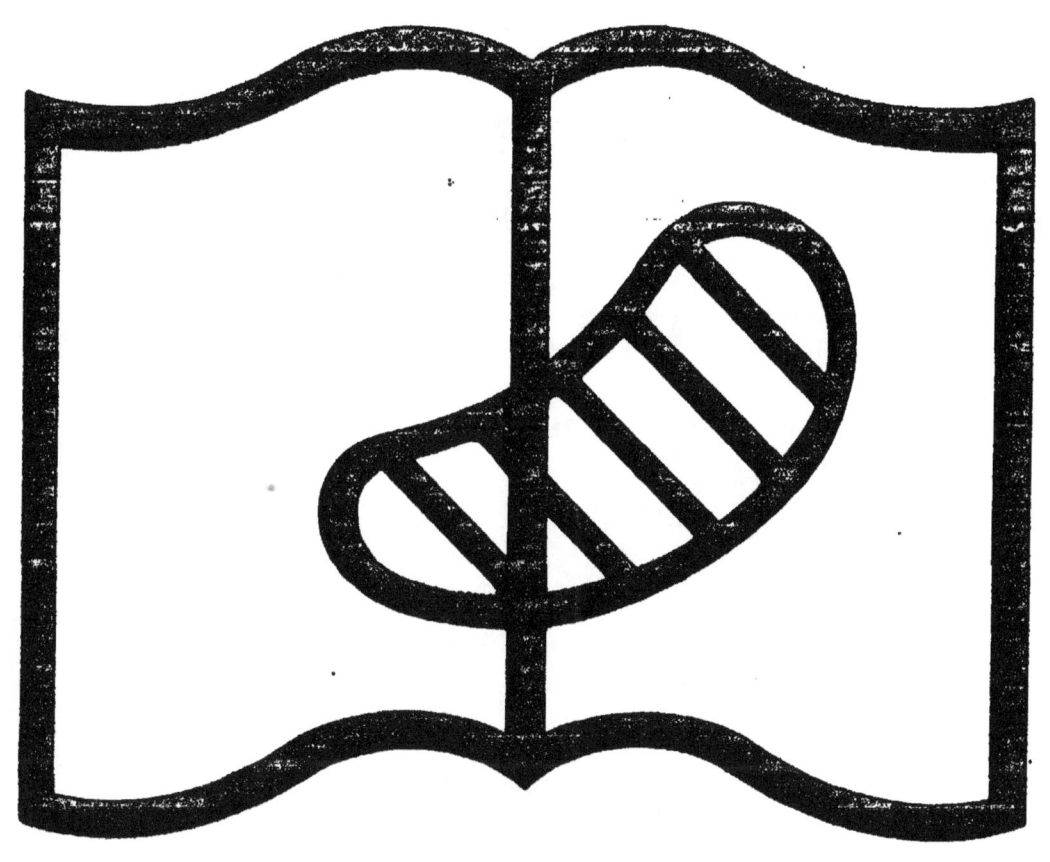

Symbole applicable
pour tout, ou partie
des documents microfilmés

Original illisible

NF Z 43-120-10

LE CHANT

DE

LA CLOCHE

PAR SCHILLER

TRADUCTION EN VERS FRANÇAIS

PAR

CH. PASSERAT DE LA CHAPELLE

AVOCAT.

ÉDITION REVUE ET CORRIGÉE.

1853

MÉTZ,
CHEZ H.-X. LORETTE, LIBRAIRE,
Rue du Petit-Paris, 8.

Metz, Imprimerie et Lithographie de NOUVIAN.

LE CHANT DE LA CLOCHE

(PAR SCHILLER).

Du moule fait en terre cuite
Et dans la fosse assujetti
Doit surgir la cloche bénite;
Courage, amis, et qu'aujourd'hui
Nos sueurs la fassent paraître;
Nous la fêterons aussitôt;
L'œuvre belle est l'honneur du maître,
Mais le succès nous vient d'en haut.

Elle mérite une sage pensée
L'œuvre par nous ensemble commencée;
Accompagné de quelques mots pieux
Un dur travail se poursuit plus joyeux;
Que notre vue avec soin considère
Ce qui jaillit de force si légère;
Honte et mépris au mortel imparfait
Qui ne prend garde à rien de ce qu'il fait;

La gloire à l'homme est son intelligence,
Sublime don fait par la Providence,
Afin qu'il pût, avec ce sens divin,
Juger à fond de l'œuvre de sa main.

    Que du pin le bois combustible
    Jeté sec au fourneau brûlant
    Nourrisse la flamme terrible
    Qui bat sur le métal fondant.
    Quand le cuivre sera liquide,
    Qu'on joigne l'étain préparé,
    Afin que la masse fluide
    Nous donne le son désiré.

Ce qu'au dedans de la fosse profonde,
L'homme et le feu, réunion féconde,
Ont fabriqué, la cloche, en haute tour,
Avec grand bruit sonnera chaque jour.
On l'entendra dans les races lointaines
De nos neveux; que d'oreilles humaines
A ses beaux sons d'aise tressailliront !
Les chœurs pieux à sa voix chanteront ;
Du triste au Ciel elle dira la plainte.
Les coups divers dont la vie est atteinte,
Tous nos destins, sa voix les redira,
Et sa couronne au loin retentira.

    Mais des bulles blanches jaillissent ;
    Bien ! la masse est en fusion.
    Puis, que des cendres la blanchissent
    Pour hâter l'ébullition.

Net de l'écume grossière
Le mélange devra sortir,
Pour que la voix vienne bien claire
A nos oreilles retentir.

 A son entrée en la vie orageuse
Est salué par la cloche joyeuse
Le tendre enfant ; pour premier acte, il dort.
Pour lui, les coups, heureux ou non, du sort
Sont en suspens ; cette aurore bien chère
Est à l'abri, sous les soins d'une mère.
Plus tard, les ans passeront comme un trait.
L'enfant s'élance orgueilleux et distrait
Du faible bras de la vierge craintive ;
Fougueux il fond dans une vie active,
Parcourt la terre, un bâton pour appui,
Et puis revient, en un foyer ami,
De ses auteurs retrouver la tendresse.
Son front est haut, éclatant de jeunesse.
Mais une image a captivé ses yeux !
Naguère il vit, comme venant des cieux,
La jeune fille, au front chaste et pudique.
Ah ! maintenant d'un désir vague, unique
Son cœur est plein ; rouge, errant, il a fui
Vers elle et loin de tout sauvage ami ;
Son œil humide observe ; un salut d'elle
Le rend heureux, et la fleur la plus belle,
Il la détache et la met en ses mains.
Premier amour, que ton espoir, tes soins,
Tes jours dorés sont chers à la mémoire !
Nos yeux du Ciel apperçoivent la gloire,

Le cœur se gonfle au bonheur ; ah ! toujours
Restez donc verts, temps des premiers amours.

 Comme les tuyaux se brunissent !
 Plongeons la baguette au dedans ;
 Si les surfaces s'amollissent,
 Si les métaux semblent luisans,
 Coulons au moule ; allons, courage !
 Du cassant et du tendre unis *
 Eprouvez-moi cet alliage ;
 Nous donne-t-il bon signe, amis ?

Qu'avec le dur le tendre s'associe ;
La masse forte, avec la douce unie,
Devra produire un harmonieux son.
Puis on verra combien cette union
Pouvait durer ; de mutuelles flâmes
Ont-elles pu brûler dans ces deux âmes ?
Le rêve est court, mais sont longs les regrets
Qu'ensuite à nous laissent les choix mal faits.
Une couronne en les boucles pressées
Des grands cheveux des jeunes fiancées
Flotte à charmer, quand, au ton solennel
De cette cloche, à son joyeux appel,
On court au temple y célébrer la fête ;
A louer Dieu qu'avec joie on s'apprête ;
Toute autre joie avec jeunesse fuit.
Le voile tombe et le rêve finit ;
Passion cesse, un tendre amour persiste ;

* Le cuivre représente la substance dure et cassante ; l'étain est la substance tendre

La fleur se fane, et le fruit qui résiste,
Croît et mûrit. En ce monde ennemi,
Doit l'homme agir par force, adresse aussi,
Lutter, risquer, planter, le gain poursuivre,
Créer, chercher la fortune et la suivre.
Là tout abonde, et de grains précieux
Les greniers pleins, quoique très-spacieux,
Cèdent au poids. La maison trop étroite
Doit s'agrandir. La ménagère adroite,
La mère règne au cercle intérieur,
Instruit sa fille et dirige son cœur,
Garde l'enfant; sa main se meut sans cesse,
Accroît les gains par l'ordre et la sagesse,
Met les trésors au magasin luisant,
Tourne le fil à son rouet bruyant;
En ses tiroirs, le lin, le coton lisse
Sont arrangés par elle avec délice.
Avec l'utile elle joint le brillant;
Dans le repos aucun ne la surprend.
 Le père, lui, le regard plein de joie,
Au faîte monte, afin qu'au loin il voye;
De l'œil mesure et ses biens fleurissans,
Et l'arbre haut, plein de fruits excellens,
Et les greniers ployant sous l'abondance,
Et des épis la riche exubérance.
Tout fier, il dit : « Comme le sol profond
» Est mon trésor et solide et fécond. »
Mais nul lien n'existe assez solide
Pour arrêter du sort l'aile rapide,
Car le malheur ne se conjure pas
Et le voilà qui s'avance à grands pas.

On peut commencer le coulage;
Le conduit est taillé très-net.
Mais disons en pieux langage,
Avant de couler dans le jet :
« Dieu bon, aide à cet édifice. »
Puis qu'on debouche le conduit;
Par des flots gris, au moule lisse
La masse fumante aboutit.

Très-bienfaisante est du feu la puissance
Tant que le dompte et tient en surveillance
La main humaine; et quand l'homme produit
Ou bien imite, il le met à profit.
Mais terrible est cet élément céleste
Quand, délié par un oubli funeste,
Fille de l'air, il monte audacieux
Et suit sans gêne un vol capricieux.
Malheur à nous, si nulle résistance,
Si nuls liens n'arrêtant sa croissance,
Il vient, roulant ses monstrueux tisons,
Epouvanter les populations.
Tout élément hait la règle sévère
Que lui prescrit une main salutaire.
De tous côtés les éclairs palpitans
Vont sillonner les nuages fondans.
L'eau tombe à flots et répand l'abondance.
Qu'entendons-nous qui dans la tour balance
En gémissant? Un tocsin de malheur;
Le Ciel rougit, non pas de la lueur
Qu'avait le jour; sa lueur est sanglante.

Dieu! Quel tumulte en la cité bruyante!
Il monte au Ciel des colonnes de feux
Et de fumée. Aux détours sinueux
De la cité se propagent, rapides
Comme un torrent, des flammes homicides.
L'air est bouillant, et rouge est le métal
Comme au sortir de l'abîme infernal.
La poutre craque et le plancher s'écroule;
Un enfant crie et sa mère, en la foule,
Erre et s'égare; au-dessous des débris
Les bestiaux gémissent tout meurtris.
Tout court, s'échappe et fuit à l'aventure.
Semblable au jour, la nuit n'est plus obscure.
Le peuple forme une chaîne sans fin
Où les seaux d'eau volent de main en main
En arc jaillit la gerbe d'eau limpide;
Le torrent gronde et d'un essor rapide
Cherche la flamme et l'atteint avec bruit.
Le feu pétille; il gagne le vieux fruit,
Puis le grenier à la vaste étendue,
Les chevrons secs, la planche vermoulue.
La trombe ardente, en son cours de géant,
Semble vouloir tirer le sol pesant
Pour l'élever à la hauteur céleste.
L'homme, abattu par ce revers funeste,
Inerte, assiste au prodige divin
Et l'admirant, reste jusqu'à sa fin.
 Est consumée, est vide cette place,
Siège cruel du tourbillon vorace;
En ce logis, à tous les vents ouvert,
N'habite plus que l'horreur du désert;

Au lieu du toit, un céleste nuage
Plane direct sur ce foyer sauvage.
 Derrière lui l'homme regarde encor
A ce tombeau de son ancien trésor ;
Puis il saisit son bâton et chemine
Encor content, puisque de sa ruine
Reste un troupeau qui l'a bien consolé ;
Pour les compter, il avait appelé,
Par leurs doux noms, des têtes adorées ;
A cet appel, toutes se sont montrées.

 La fonte est reçue en la fosse,
 Le moule est tout-à-fait rempli ;
 Que d'un succès Dieu nous exauce !
 Ni nos soins, ni l'art n'ont failli.
 Et si du grain pêchait l'essence,
 Si le moule s'était disjoint !
 Hélas ! au sein de l'espérance,
 Peut-être un malheur nous atteint.
 Au sein profond de nos sillons bénis
Nous confions de nos mains les produits ;
Là le semeur confia sa semence ;
Si Dieu le veut, dit-il, en abondance
Il produira, ce germe bien choisi.
Au même sein nous confions aussi
Une semence encor plus précieuse
Qui, renfermée en la tombe pieuse,
Refleurira, nous en sommes certains,
Pour s'élever à plus brillans destins.
 Mais du haut de la tour célèbre

Lugubre tinte un glas funèbre !
Est enlevée aux bras de son époux
La tendre épouse ; un destin trop jaloux
La lui ravit et ravit une mère
A ces petits, troupe tendre et bien chère
Qu'elle enfanta, puis vit avec bonheur
Croître à son sein, ainsi que croît la fleur.
Elle est rompue à jamais avec elle.
Des doux liens la chaîne mutuelle,
Car il n'est plus de mère à la maison.
Ils ne sont plus, les soins, la gestion
Qui distinguaient l'exacte ménagère.
Là, sans amour, va siéger l'étrangère.

  Que la cloche se refroidisse,
  Que le travail soit suspendu ;
  Qu'en doux ébats chacun bondisse
  Comme l'oiseau du bois touffu.
  Les astres brillent, le jeune homme
  Entend sonner, libre et joyeux,
  L'heure du soir, puis fait son somme,
  Le maître est toujours soucieux.

Le voyageur, dans les sombres taillis ;
Pressant le pas, retourne en son pays.
La brebis rentre en son bercail, bêlante,
Et puis des bœufs la troupe mugissante,
Lisse, au front large, à l'étable revient.
Bien lourdement à la grange parvient
Le char des blés ; sur la gerbe est liée
Une couronne en couleurs variée.

Les rangs joyeux des jeunes moissonneurs
Courent danser ou bien chanter en chœurs.
Dans la cité se répand le silence.
Des chandeliers les feux prennent naissance
Et leur clarté près d'eux nous réunit.
La porte urbaine a roulé avec bruit
Pour se fermer. La nuit couvre la terre ;
Il ne ressent aucune peur vulgaire,
L'homme de paix ; ne dort pas le méchant,
Car de la loi plane l'œil vigilant.

   Un ordre saint, fils de la Providence,
En libérale et riante puissance,
A tout lié par ses proportions,
A des cités fait les fondations,
Tiré des champs l'homme brute et rustique ;
A pénétré au foyer domestique,
Poli nos mœurs, enfin nous a unis
D'un fort lien, l'amour de son pays.

   Pour le travail mille mains se remuent ;
Avec vitesse et joie elles affluent
Pour s'entr'aider par mutuel secours ;
Là toute force apporte son concours.
Maître, ouvriers, travaillent tous sans crainte ;
La liberté est leur égide sainte.
Dans son état chaque homme vit joyeux ;
En tout dédain il brave l'envieux.
Du citoyen le travail est la gloire
Et la fatigue est l'acte méritoire
Qui lui fournit abondance et bonheur ;
Si, pour son titre au roi l'on rend honneur,
C'est le travail des mains qui nous honore.

Sur ma cité, planez, planez encore,
Douce concorde et gracieuse paix.
Ah! que le jour n'apparaisse jamais
Où des guerriers les bataillons sauvages
Désoleraient nos vallons, nos villages;
Où notre ciel que la rougeur du soir
Avec amour peint et laisse entrevoir,
Rayonnerait de torches fulminantes
Jetant l'horreur dans nos villes sanglantes.

  Que l'on brise cet édifice,
  Car il a rempli son objet;
  Que l'œil, le cœur, avec délice,
  Voyent qu'il sort bien notre sujet!
  Que le moule en éclats jaillisse;
  Frappez, brandissez les marteaux;
  Quand la cloche en les airs se hisse,
  Il doit disparaître en morceaux.

Le maître a pu, de sa prudente main,
Briser sa forme au moment qu'il convint;
Malheur, hélas! si le rouge alliage
En feux roulans lui-même se dégage.
La masse entière, aveugle en sa fureur,
D'un bruit semblable au tonnerre grondeur,
Crève et éclate; une bouche infernale
Semble vomir la ruine totale
Par l'incendie actif à tout gagner.
La force brute arrive à dominer;
Mais sans raison nulle règle possible;
Et si le peuple, en un élan terrible,

Lui-même fait son affranchissement,
De cette source aucun bien n'est constant.
Malheur, hélas! quand au sein de nos villes,
De sourds brandons des discordes civiles,
Accumulés parmi l'obscurité,
Ayant pris feu, quand le peuple excité
Terrible court à son indépendance.
L'émeute croît; lors, sans juste cadence,
Sont tiraillés des cloches les cordeaux;
Semblent hurler des sons jadis si beaux,
Et un signal de paix et d'abondance
Ne retentit que pour la violence.
 Egalité, liberté, c'est le cri;
L'homme paisible armé sort de chez lui;
Sont encombrés nos marchés et nos rues.
Aux alentours circulent répandues
Et osant tout, des bandes d'égorgeurs.
Eloigne, ô Dieu, telles scènes d'horreurs!
Trop souvent femme hyène est devenue
Et son sarcasme est affreux, car il tue.
A la panthère elle empruntait sa dent
Pour déchirer un cœur tout palpitant.
Rien n'est sacré; se dissolvent sans feinte
Tous les liens d'une réserve sainte :
Pour l'homme bon vient régner le méchant,
Et chaque vice est maître et triomphant.
Du fier lion le réveil est terrible;
Du tigre encor la morsure est horrible,
Et cependant notre pire frayeur
Provient de l'homme en sa folle fureur,
Lorsque l'égare un insensé délire.

Qu'il soit maudit l'homme que mal inspire,
Qui vient prêter à l'aveugle éternel
Le flambeau pris dans les flambeaux du Ciel ;
En telles mains, sans donner la lumière,
Pareil feu luit, mais n'est qu'incendiaire ;
Couverts de cendre, et la ville et les champs
Attesteront ses ravages sanglans.

 A Dieu chantons joyeux cantique ;
 Le bel astre d'or qui a lui !
 Comme à nous le grain métallique
 Apparaît net et bien poli !
 Du sommet jusqu'à la couronne,
 Comme un soleil, il est brillant.
 Ainsi l'écu beau qu'on blasonne
 Du graveur prouve le talent.

Entrez, entrez, compagnons de ma vie ;
Venez, formez la bande réjouie ;
Qu'à cette cloche, en gage d'union,
Il soit donné la Concorde pour nom ;
Qu'à son baptême, autour d'elle se range
D'amis constans un cordial mélange.
Ah ! que toujours ce soit sa mission,
Le but du maître, en sa construction ;
Oui désormais cette cloche bénie
Planera haut sur la terrestre vie ;
Pas loin du Ciel, sous son pavillon bleu,
Elle sera près du tonnerre en feu
Et touchera l'étoile lumineuse.
D'en haut viendra la voix harmonieuse

Qui chantera, par ses tons modulés,
Comme au Ciel font les groupes étoilés,
Le Créateur, le Maître des tempêtes.
Sa voix aussi célébrera les fêtes
En ces beaux jours qu'embellissent les fleurs.
Puis que sa bouche, en les jours des douleurs,
Soit consacrée au grave et au durable,
Et que le temps, en son cours immuable
Par son vol prompt l'agite constamment ;
Qu'à tout destin elle trouve un accent ;
Que même dure, insensible elle suive
De tous nos ans la course fugitive ;
Comme si vite à l'oreille s'enfuit
Le plus grand son qui pour nous retentit,
Même celui du furieux tonnerre,
Qu'elle démontre ainsi que sur la terre
Rien n'est constant, et que tout son ici,
Sitôt qu'il passe, il s'est évanoui.

  Amis, qu'à l'aide de la corde,
  La cloche soit levée en l'air ;
  Qu'en haute contrée elle aborde,
  Jusqu'où sont la foudre et l'éclair.
  Tirez, levez, elle s'agite,
  Elle plane. O présages bons !
  Oui, puisqu'à la joie elle excite,
  Pour la paix seule elle a des sons.

www.ingramcontent.com/pod-product-compliance
Lightning Source LLC
Chambersburg PA
CBHW070430080426
42450CB00030B/2399